3.
JANUAR

DAS IST DEIN TAG

DEIN STAMMBAUM

Urgroßvater	Urgroßmutter	Urgroßvater	Urgroßmutter

Großmutter

Großvater

VORNAME UND NAME:

....

GEBOREN AM:

....

UHRZEIT:

....

GEWICHT UND GRÖSSE:

....

STADT:

....

LAND:

....

Mutter

Ich

4

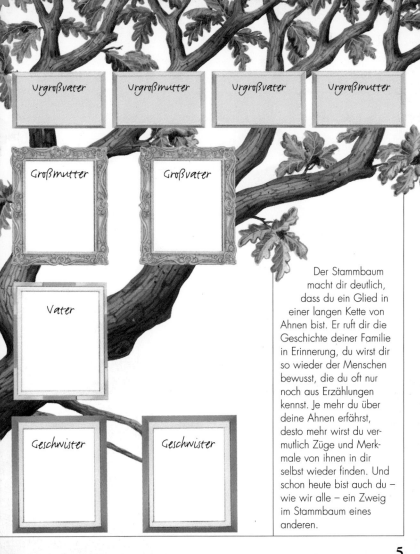

Urgroßvater

Urgroßmutter

Urgroßvater

Urgroßmutter

Großmutter

Großvater

Vater

Geschwister

Geschwister

Der Stammbaum macht dir deutlich, dass du ein Glied in einer langen Kette von Ahnen bist. Er ruft dir die Geschichte deiner Familie in Erinnerung, du wirst dir so wieder der Menschen bewusst, die du oft nur noch aus Erzählungen kennst. Je mehr du über deine Ahnen erfährst, desto mehr wirst du vermutlich Züge und Merkmale von ihnen in dir selbst wieder finden. Und schon heute bist auch du – wie wir alle – ein Zweig im Stammbaum eines anderen.

5

Was wären wir ohne unseren Kalender, in dem wir Geburtstage, Termine und Feiertage notieren? Julius Cäsar führte 46 v. Chr. den Julianischen Kalender ein, der sich allein nach dem Sonnenjahr richtete. Aber Cäsar geriet das Jahr ein wenig zu kurz, und um 1600 musste eine Abweichung von zehn Tagen vom Sonnenjahr konstatiert werden. Der daraufhin von Papst Gregor XII. entwickelte Gregorianische Kalender ist zuverlässiger. Erst nach 3.000 Jahren weicht er um einen Tag ab. In Europa setzte er sich jedoch nur allmählich durch. Russland führte ihn zum Beispiel erst 1918 ein, deshalb gibt es für den Geburtstag Peters des Großen zwei verschiedene Daten.

Die Zyklen von Sonne und Mond sind unterschiedlich. Manche Kulturen folgen in ihrer Zeitrechnung und damit in ihrem Kalender dem Mond, andere der Sonne. Gemeinsam ist allen Kalendern, dass sie uns an die vergehende Zeit erinnern, ohne die es natürlich auch keinen Geburtstag gäbe.

Die Erde dreht sich von Ost nach West innerhalb von 24 Stunden einmal um ihre Achse und umkreist als der dritte von neun Planeten die Sonne. All diese Planeten zusammen bilden unser Sonnensystem. Die Sonne selbst ist ein brennender Ball aus gigantisch heißen Gasen, im Durchmesser mehr als 100-mal größer als die Erde. Doch die Sonne ist nur einer unter aberhundert Millionen Sternen, die unsere Milchstraße bilden; zufällig ist sie der

Stern, der unserer Erde am nächsten liegt. Der Mond braucht für eine Erdumrundung etwa 28 Tage, was einem Mondmonat entspricht. Und die Erde wiederum dreht sich in 365 Tagen und sechs Stunden, etwas mehr als einem Jahr, um die Sonne. Das Sonnenjahr teilt sich in zwölf Monate und elf Tage, weshalb einige Monate zum Ausgleich 31 statt 30 Tage haben.

Die Erdhalbkugeln haben konträre Jahreszeiten.

Die Sonne, der Mond und die Planeten folgen festen Himmelsbahnen, die sie immer wieder an zwölf unveränderten Sternbildern vorbeiführen. Ein vollständiger Umlauf wird in 360 Gradschritte unterteilt. Die Sonne befindet sich etwa einen Monat in jeweils einem dieser Zeichen, was einem Abschnitt von 30 Grad entspricht. Da die meisten dieser Sternkonstellationen von alters her Tiernamen erhielten, wurde dieser regelmäßige Zyklus auch Zodiakus oder Tierkreis genannt.

Schon früh beobachteten die Menschen, dass bestimmte Sterne ganz speziell geformte, unveränderliche Gruppen bilden. Diesen Sternbildern gaben sie Namen aus dem Tierreich oder aus der Mythologie. So entstanden unsere heutigen Tierkreiszeichen, die sich in 4.000 Jahren kaum verändert haben. Die festen Himmelsmarken waren von großem praktischen Wert: Sie dienten den Seefahrern zur Navigation. Zugleich beflügelten sie aber auch die Phantasie. Die Astrologen gingen davon aus, dass die Sterne, zusammen mit dem Mond, unser Leben stark beeinflussen, und nutzten die Tierkreiszeichen zur Deutung von Schicksal und Charakter eines Menschen.

WIDDER: 21. März bis 20. April

STIER: 21. April bis 20. Mai

ZWILLING: 21. Mai bis 22. Juni

KREBS: 23. Juni bis 22. Juli

LÖWE: 23. Juli bis 23. August

JUNGFRAU: 24. August bis 23. September

WAAGE: 24. September bis 23. Oktober

SKORPION: 24. Oktober bis 22. November

SCHÜTZE: 23. November bis 21. Dezember

STEINBOCK: 22. Dezember bis 20. Januar

WASSERMANN: 21. Januar bis 19. Februar

FISCHE: 20. Februar bis 20. März

9

Den Tierkreiszeichen werden jeweils bestimmte Planeten zugeordnet: Dem Steinbock ist der Planet Saturn, dem Wassermann Uranus, den Fischen Neptun, dem Widder Mars, dem Stier Venus und dem Zwilling Merkur zugeordnet; der Planet des Krebses ist der Mond, für den Löwen ist es die Sonne. Manche Planeten sind auch mehreren Tierkreiszeichen zugeordnet. So ist der Planet der Jungfrau wie der des Zwillings Merkur. Der Planet der Waage ist wie bereits beim Stier Venus. Die Tierkreiszeichen Skorpion und Schütze haben in Pluto und Jupiter ihren jeweiligen Planeten.

D er Mond wandert in etwa einem Monat durch alle zwölf Tierkreiszeichen. Das heißt, dass er sich in jedem Zeichen zwei bis drei Tage aufhält. Er gibt dadurch den Tagen eine besondere Färbung, die du als Steinbock anders empfindest als andere Sternzeichen.

In welchem Zeichen der Mond heute steht, erfährst du aus jedem gängigen Mondkalender. Der Mond im **Widder** nimmt dem Steinbock etwas von seiner äußerlichen Kühle. Man kann an diesen Tagen auch das Feuer spüren, das in ihm steckt. Versuche an einem **Stier**-Tag nicht, ungebeten in das Revier eines Steinbocks einzudringen, du rennst gegen

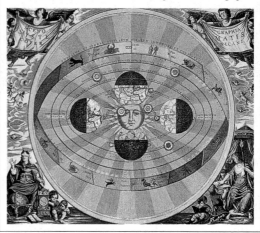

Beton! Steht der Mond im **Zwilling**, wird sogar der schweigsamste Steinbock umgänglich und gesprächig. Im **Krebs**-Mond möchte sich der Steinbock am liebsten an den sichersten Ort der Erde zurückziehen: sein Zuhause. Ist aber **Löwe**-Tag, dann kann der Steinbock seine Kreativität voll entfalten, aber natürlich mit aller gebotenen Disziplin! An einem **Jungfrau**-Tag braucht man gar nicht zu versuchen, den Steinbock zu einem Stadtbummel zu überreden, das sind Arbeitstage für ihn. Ein verliebter **Waage**-Mond kann das asketische Leben eines Steinbocks völlig umkrempeln. Der Mond im **Skorpion** macht den ohnehin schwer durchschaubaren Steinbock noch geheimnisvoller und unergründlicher. Bei **Schütze**-Mond bekommt der Steinbock etwas von einem gütigen, weisen Großvater. Aber die Prinzipien dürfen trotzdem nicht vergessen werden! Steht der Mond im **Steinbock**, kann ein Steinbock seine Ziele zwar mit der üblichen Ausdauer verfolgen, aber er lässt auch mal fünfe gerade sein. Wenn ein Steinbock plötzlich Haiti kaufen und den Himalaya besteigen möchte oder aber seinem Chef die Meinung sagt, dann geht der Mond durch den **Wassermann**. Beschäftigen einen Steinbock einmal heftige, aufwühlende Träume, dann ist **Fische**-Zeit.

Unser Sonnensystem mit den neun Planeten

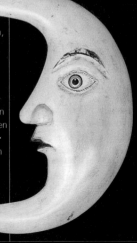

Steinbock-
menschen sind
ehrgeizige Realisten, die
hart arbeiten; sie können
treue Freunde sein, aber
auch erbarmungs-
lose Feinde. Ihr
Leitsatz lautet: »Ich
richte und werte!«
Sie sind bereit,
vorübergehend auf
vieles zu verzichten, wenn
sie ein langfristiges Ziel vor
Augen haben. Durch ihre
Genügsamkeit, ihre Aus-
dauer und ihren Fleiß

Die im Zeichen des Steinbocks
Geborenen sind unter den
Tierkreiszeichen die verantwor-
tungsvollsten Diener der Menschheit.
Geduldig und beharrlich setzen sie

sich für hohe Ideale ein, klettern dabei aber – wie ihr Symboltier – allein empor. Beherrschender Planet des Steinbocks ist der Saturn. Er gilt als dunkel und schicksalhaft, steht aber auch für Ordnungsliebe. Die drei Steinbockdekaden mit eigenen Charakteristika reichen vom 22.12. bis 1.1., vom 2. bis 11.1. und vom 12. bis 20.1. Allen Steinböcken gemeinsam ist Zuverlässigkeit und Verständnis für andere.

haben sie oft großen Erfolg und bringen es zu materiellem Reichtum. Steinböcke neigen aber dazu, in Schwermut zu verfallen. Sie sollten daher die Gesellschaft fröhlicher Menschen suchen, wenn sie Depressionen herannahen fühlen.

Den einzelnen Tierkreiszeichen werden bestimmte Glücksbringer zugeordnet. Die Farben der Steinböcke sind dunkel und satt, wie Purpurrot, Schwarz und Braun; ihre Edelsteine sind der Turmalin sowie der Onyx, ihre Pflanze ist der Hagedorn. Ihre Tiere sind der Bär, die Ziege und der Schäferhund. Als Glückstag ist ihnen der Sonnabend zugeordnet.

13

Die zweite Steinbockdekade wird in der Astrologie traditionell mit dem Sternbild Aquila – der durchbohrte Adler, der vom Himmel stürzt – in Verbindung gebracht. Die in diesem Zeitraum geborenen Menschen sind aufgrund ihres scharfen Verstandes, ihrer Willensstärke und ihrer Phantasie oft Künstler, Konstrukteure oder auch Erfinder, denen eine bewundernswert klare Sicht der Dinge gegeben ist.

Dies trifft auch auf den französischen Grafiker und Illustrator **Gustave Doré** (6. Januar 1832, Abb. o.) zu, der Lithografien und Holzschnitte zur Bibel sowie zu Werken von Balzac, Rabelais, Dante, Cervantes und anderen schuf. Aber auch **Isaac Newton** (4. Januar 1643), der wichtige Naturphänomene erklärte und das Gravitationsgesetz entdeckte, gehört zu dieser Dekade, ebenso wie der Deutsche **Heinrich Schliemann** (6. Januar 1822, Abb. u.), der zunächst ein Vermögen als Kaufmann machte, um sich dann seinen Jugendtraum zu erfüllen: Er entdeckte die Schauplätze der homerischen Epen Troja, Mykene und Tiryns.

Der berühmte römische Redner **Marcus Tullius Cicero** (3. Januar 106 v. Chr., Abb. o.), der ebenfalls in dieser Dekade geboren ist, präsentierte seine Gedanken im Gewand einer Rhetorik, die dann Vorbild für die lateinische Prosa wurde, während die Französin **Simone de Beauvoir** (9. Januar 1908) mit ihrem Buch »Das andere Geschlecht«

Generationen späterer Feministinnen den Weg ebnete.

Diese Dekade brachte aber noch zahlreiche andere schöpferische Menschen hervor, die sich in den verschiedensten Bereichen auszeichneten: **Jakob Grimm** (4. Januar 1785, Abb. re.) stellte mit seinem Bruder Wilhelm die weltberühmte Märchen-

sammlung zusammen; der französische Lehrer **Louis Braille** (4. Januar 1809, Abb. o.) entwickelte eine Blindenschrift, die noch heute in Gebrauch ist; **John Ronald Reuel Tolkien**

(3. Januar 1892) schuf mit seiner Romantrilogie »Der Herr der Ringe« eine ganz eigene, mythische Welt. **David Bowie** (8. Januar 1947), das Chamäleon des Pop, der der Konkurrenz immer einen entscheidenden Schritt voraus ist, und **Elvis Presley** (8. Januar 1935), der »König des Rock and Roll«, sowie der Hollywoodstar **Nicolas Cage** (7. Januar 1967) und der spanische Filmregisseur **Carlos Saura** (4. Januar 1932) wurden in dieser Zeit geboren.

Der Rennfahrer **Michael Schumacher** (3. Januar 1969) gewann zahlreiche Grand-Prix-Rennen und wurde 1994 und 1995 Formel-1-Weltmeister.

Auf religiösem Gebiet sind die **Heilige Theresia von Lisieux** (2. Januar 1873) zu nennen, die mit ihrer Autobiografie »Geschichte einer Seele« und ihrer ›Theologie des Kleinen Wegs‹ in die Geschichte einging, sowie **Jeanne d'Arc** (6. Januar 1411), die durch ihre Rettung der Stadt Orléans zur Nationalheldin und Heiligen wurde.

Tolkien wurde im südafrikanischen Bloemfontain geboren. Mit vier Jahren kam er aber nach England, wo er später in Oxford studierte. Bereits 1937 veröffentlichte er *Der kleine Hobbit*, das er ursprünglich als eigenständiges Märchen für seine Kinder erfunden hatte. Es wurde jedoch die Einleitung für die ganze Trilogie. *Der Herr der Ringe* erschien dann

Am 3. Januar 1892 wurde John Ronald Reuel Tolkien, der englische Schriftsteller und Gelehrte, der mit seiner Romantrilogie *Der Herr der Ringe* zu Weltruhm gelangen sollte, geboren. Tolkien war Professor für germanische Philologie in Oxford. Mit seinem Bestseller erschuf er dann eine faszinierende, magische Phantasiewelt.

ab 1954 (Band 1: *Die Gefährten*, Band 2: *Die zwei Türme* und 1955 Band 3: *Die Rückkehr des Königs*). Tolkien hatte bereits während seines Studiums mit der Arbeit an diesem Mammutwerk begonnen. Mitte der sechziger Jahre wurde es im englischsprachigen Raum vor allem beim jungen Publikum so beliebt, dass man von einem echten Kult sprechen kann: Es wurden Tolkien-Fanclubs gegründet, Spiele entwickelt… und zahllose Nachahmer machten sich ans Werk, konnten ihrem Vorbild jedoch nicht das Wasser reichen. Tolkiens Phantasiewelt *Mittelerde*, die an keltisch-germanische Mythen erinnert, ist in einer fiktiven Vergangen-

heit angesiedelt und wird von Zwergen, Elfen, Trollen, Hobbits sowie neun todbringenden schwarzen Reitern bevölkert. In dieser Welt kämpfen Gut und Böse um einen Zauberring, der seinem Besitzer absolute Macht verleiht: »Ein Ring, sie zu knechten, sie alle zu finden, ins Dunkel zu treiben und ewig zu binden…«

An diesem Tag des Jahres 1850 begannen die Arbeiten an dem damals größten Gebäude aus Glas, dem **Kristallpalast**. Joseph Paxton entwarf dieses gigantische Bauwerk für die Weltausstellung von 1851, die in London stattfand. Insgesamt waren 10.000 Arbeiter für die durchsichtige Konstruktion nötig, und an die 4.000 Tonnen Glas wurden für den Bau verwendet, der nur ein knappes Jahr dauerte. Später in

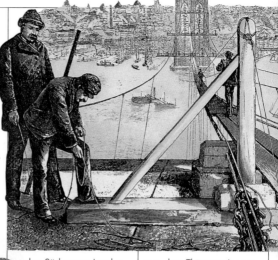

den Süden von London versetzt, zerstörte dann 1936 ein Brand den Kristallpalast.

Heute im Jahr 1870 begannen in New York die Arbeiten an der **Brooklynbrücke**, die den gleichnamigen Stadtbezirk Brooklyn mit dem Zentrum der Stadt, Manhattan, verbinden sollte. Diese zur damaligen Zeit am weitesten gespannte Stahlkabelbrücke der Welt, die von dem Thüringer Ingenieur Johann August Röbling entworfen worden war, ist 486 Meter lang und kostete die immens hohe Bausumme von 15 Millionen Dollar. Röbling konnte die Fertigstellung seiner Brücke über den East River nicht mehr miterleben, da er 1869 verstarb. Doch sein Sohn vollendete einige Jahre später das Werk seines Vaters. Heute ist die Brooklynbrücke aus der Skyline von New York einfach nicht mehr wegzudenken.

Am 3. Januar 1922 erreichten die Ausgrabungen des britischen Archäologen **Howard Carter** an der Grabstätte Tutanchamuns im Tal der Könige in Ägypten einen sensationellen Höhepunkt: Man entdeckte den Sarkophag des Pharaos sowie andere äußerst kostbare Gegenstände. Der Sarkophag, der aus drei wie russische Puppen ineinander verschachtelten Särgen bestand, barg in seinem innersten, dritten Sarg aus purem Gold dann die größte Überraschung für die an den Ausgrabungen beteiligten Archäologen: die Mumie des alten ägyptischen Herrschers.

Die mit Lapislazuli eingelegte Goldmaske des Pharaonensarges ist heute eines der berühmtesten Zeugnisse des Altertums.

1919, am 3. Januar, gelang dem neuseeländischen Experimentalphysiker **Earnest Rutherford** die erste künstliche Kernumwandlung. Bereits im Jahr 1897 hatte er zwei verschiedene radioaktive Strahlungsarten entdeckt, die er Alpha- und Betastrahlen nannte. Nachdem

er 1908 den Nobelpreis für Chemie erhalten hatte, begründete er 1911 zusammen mit zwei anderen Forschern das Atommodell. Rutherfords Untersuchungen bildeten die Grundlage für alle späteren Forschungen auf dem Gebiet der Kernphysik. Außerdem ermöglichten sie die Entwicklung der Atombombe.

Am 3. Januar 1521 wurde Martin Luther, streitbarer Priester und Professor der Bibelkunde in Wittenberg, von Papst Leo X. mit dem Kirchenbann belegt. Die Lehren Luthers entzweiten die Kirche und veränderten den Lauf der Geschichte.

Nach seiner Priesterweihe 1502 wurde Martin Luther Doktor der Theologie und Professor für Bibelauslegung in Wittenberg. In dem Universitätsstädtchen genoss er hohes Ansehen, und auch der Kurfürst von Sachsen, Friedrich der Weise, schätzte ihn sehr. Luther war über den Zustand der herrschenden Amtskirche und des Papsttums entsetzt. So wandte er sich 1517 in 95 Thesen gegen den Ablasshandel – die Gepflogenheit, sich die Vergebung seiner Sünden zu erkaufen. Die Thesen und weitere kritische Schriften Luthers, durch die Erfindung des Buchdrucks weit verbreitet, fanden Widerhall im ganzen Reich und forderten die Kirche heraus. Wegen Ketzerei denunziert, drohte man ihm mit dem Kirchenbann, wenn er seine Lehren nicht widerrief. Stattdessen vollzog Luther demonstrativ seinen Bruch mit Rom, indem er die päpstliche Androhung vor den Toren von Wittenberg öffentlich ver-

brannte. Daraufhin wurde der Kirchenbann gegen ihn ausgesprochen, und er wurde zum Reichstag nach Worms zitiert. Auch vor dem Kaiser weigerte Luther sich standhaft, seine Lehren zu widerrufen. Die verhängte Reichsacht machte ihn vogelfrei und rechtlos. Seine Lehren durften nicht mehr verbreitet

werden, und die Lektüre seiner Schriften war bei Strafe verboten. Doch das Verbot kam viel zu spät, Luther genoss ungeheure Popularität, seine Reden waren längst verbreitet und die Reformation eine Massenbewegung geworden. Er selbst verbarg sich, als »Junker Jörg« getarnt, auf der Wartburg. Hier, unter dem Schutz Friedrichs, übersetzte er das Neue Testament aus dem griechischen Urtext in ein Deutsch, dass er mit den Worten umschrieb, er habe »dem Volke aufs Maul geschaut«.

ENTDECKT & ERFUNDEN

Jeden Monat – manchmal sogar jeden Tag – werden große oder kleine Dinge erfunden, die unser Alltagsleben verändern. Auch der

Monat Januar bildet in dieser Hinsicht keine Ausnahme.

So kam am 13. Januar 1957 das erste **Frisbee** auf den Markt. Lastwagenfahrer der amerikanischen Firma Frisbee's Pie Company in Connecticut hatten nämlich einigen Studenten der Yale-Universität gezeigt, wie sie ihre Frühstücksdosen zum Spaß in die Luft werfen konnten. Ein Verkäufer der örtlichen Wham-O Company sah die jungen Männer bei diesem neuen Zeitvertreib und hatte die geniale Idee, daraus ein Spielzeug zu entwickeln.

Genau auf den 20. Januar 1885 fällt die Eröffnung der ersten **Achterbahn**, und zwar im Vergnügungspark auf Coney Island bei New York (Abb. li. u.). Etwa ein Jahr später wurde das erste **benzinbetriebene Auto** der Welt patentiert (Abb. o.). Den

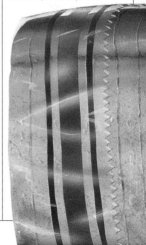

22

Verbrennungsmotor hatte Karl Benz erfunden. Er war zunächst an einem Dreirad getestet worden, bis dem Gefährt zur Stabilisierung noch ein weiteres Rad hinzugefügt wurde.

Am 5. Januar 1778 erfand der Amerikaner David Bushnell die gefährlichen, unter Wasser lauernden **Kontaktminen**. Er befestigte einen Zünder an einem Pulverfässchen. Dieser reagierte auf Berührung und brachte so die primitive Mine zum Explodieren. Später kam sie bei Seekriegen zum Einsatz.

Fertig geschnittenes Brot gibt es seit 1928: Otto Rohwedder brachte damals seine Schneidemaschine auf den Markt, die den geschnittenen Laib auch gleich in Wachspapier einwickelte.

Am 28. Januar 1878 antwortete George Coy, der die **erste Fern-**

sprechstelle in New Haven, Connecticut, eingerichtet hatte, seinem ersten Gesprächsteilnehmer: »Ahoi! Ahoi!« (Abb. o.)

Gail Borden ließ sich die **Kondensmilch** am 31. Januar 1851 patentieren. Diese sollte für die Versorgung auf langen Schiffsreisen dienen.

Schließlich gibt es bereits seit dem 1. Januar 1772 **Travellerschecks**.

Die Tropen erstrecken sich vom Wendekreis des Krebses bis zu dem des Steinbocks. Dort gibt es keinen Winter wie bei uns, und einen großen Teil des Jahres herrscht warmes Wetter. Die Tage sind in den Tropen zu allen Jahreszeiten fast gleich lang.

Im Winter ist die Natur wie erstarrt. Die Tage sind kalt und kurz, der Boden ist hart und das Futter knapp. Die Säugetiere halten Winterschlaf, viele Vögel ziehen in Richtung Süden. Doch der englische Dichter Shelley meint: »Wenn der Winter kommt, kann da der Frühling noch fern sein?«

Der Rote Kardinal, den man an seinem Schopf und seinem leuchtenden Gefieder leicht erkennen kann, besucht im Winter in Nordamerika regelmäßig die Futterplätze. Ein frecher kleiner Vogel ist der in ganz Europa und Asien heimische Spatz. In Japan schließen sich die Spatzen im Winter zu riesigen Schwärmen zusammen, die sogar in dicht besiedelte Gebiete einfallen. Die Amsel singt zwar sehr schön, vernichtet aber Frucht und Saat, wenn der Boden zu hart ist, um darin nach Würmern zu graben.

Das bei uns sehr beliebte Rotkehlchen wird im Winter kühn und wagt sich bis auf die Fensterbretter vor.

25

dass die Tage nun endlich wieder länger werden.

Eine weitere schottische Sitte ist es, dass am Neujahrstag der Erste, der ein Haus betritt – oder vielmehr vorne hinein- und hinten wieder herausgeht –, ein Glück bringender Schornsteinfeger sein sollte.

In Japan liegt beim Neujahrsfest der Schwerpunkt auf Tradition: Frauen tragen stolz ihre Kimonos zur Schau, und die Straßen sind festlich mit Pinienzweigen und Bambusrohren geschmückt (Abb. S. 27 re.).

In Italien werden

Kaum ist das alte Jahr vorbei und der von der feuchtfröhlichen Neujahrsfeier strapazierte Brummschädel wieder klar, stellen wir die Weichen fürs neue Jahr. Jede Menge guter Vorsätze sowie zahlreiche Feste begleiten uns durch den Januar.

So beleuchten die Bewohner der schottischen Shetland-Inseln am »Up Helly Day« in der Nacht vor dem letzten Dienstag des Monats die karikaturistische Nachbildung einer alten Wikingergaleere (Abb. o.) und feiern in ausgelassener Stimmung,

beim so genannten Bohnenfest in dem Ort Castiglione d'Asti in allen Häusern Bohnen gesammelt, die dann gemeinsam auf dem Marktplatz gekocht und verzehrt werden.

Eine alte englische Farmertradition war der »Pflugmontag«, der erste Montag

nach dem Dreikönigsfest und erster Arbeitstag der Bauern nach Weihnachten. In weißen Smokings und mit hellen Bändern geschmückt trugen die Bauern singend einen Pflug durch die Straßen und sammelten Geld ein. Dem, der nichts gab, durfte man dann ungestraft seinen Vorgarten umpflügen.

Das Dreikönigsfest oder Fest »Epiphanias« am 6. Januar erinnert an die Ankunft der drei Weisen Kaspar, Melchior und Balthasar aus dem Morgenland in Bethlehem. Sie waren gekommen, um dem neugeborenen »König der Juden« zu huldigen und ihm Gold, Weihrauch und Myrrhe zu schenken (Abb. o.). Noch heute treffen sich viele katholische Kinder in europäischen Ländern – als Heilige Drei Könige verkleidet – zum Dreikönigssingen.

Die orthodoxen Christen, die dem Julianischen Kalender folgen, feiern Weihnachten, die Geburt des Erlösers, weltweit erst am 7. Januar.

Am 10. Januar, dem »Toka Ebisu«-Tag, bitten die Japaner den Gott Ebisu um gute Geschäfte. Bei den

Feierlichkeiten sind Bambusähren – ein Symbol für Wohlstand – allgegenwärtig. An »Shigoto Hajime« – dem Tag der Arbeit – gehen die Japaner erstmals im neuen Jahr wieder feierlich zur Arbeit, oder aber sie frönen mit Hingabe ihrem Lieblingshobby. Es ist für sie Ehrensache, an diesem Tag alles möglichst perfekt zu machen.

27

❶ Motiv vergrößern

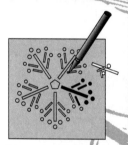

❷ Schablone schneiden

❸ Eisblume sprühen

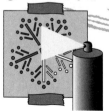

Material:

Dünner Karton
Schneespray
Sprühkleber
Skalpell
Klebestreifen

1. Motiv vergrößern
Die Zeichnungen von Schritt 1 auf den Kopierer legen und in verschiedenen Größen vervielfachen. Da die Zeichnungen sehr klein sind, am besten immer die letzte Kopie als Vorlage für die nächste Vergrößerung verwenden.

2. Schablone schneiden
Um eine stabile Schablone herstellen zu können, die Fotokopien der Eisblumen mit Sprühkleber auf den dünnen Karton aufkleben. Mit dem Skalpell die Linien und Punkte sowie den Mittelpunkt des Motivs herausschneiden.

3. Eisblume sprühen
Schablonen mit ablösbarem Klebestreifen auf das Fenster kleben und anschließend das Motiv mit Schneespray besprühen. Die Schablone erst abziehen, wenn das Spray getrocknet ist.

Mit dieser Technik können Sie nicht nur Eisblumen auf Fenster sprühen, sondern auch Glückwunschkarten aller Art gestalten.

Auf ein Neues

Januar, Januar,
nichts bleibt, wie es war.
Neu erfunden, neu bedacht,
neuer Anfang gemacht.